AF391546

# CONSIDERATIONS

*PHILOSOPHIQUES.*

# CONSIDERATIONS

## *PHILOSOPHIQUES*

### SUR

# L'HISTOIRE

# D'E M A.

## *SECONDE PARTIE.*

Ἴδμεν Ψεύδεα πολλὰ λέγειν ἐτύμοισιν ὁμοῖα;
Ἴδμεν δ'εὖτ ἐθελωμεν, ἀληθέα μυθήσασθαι.

Hesiod. Theog.

M. D. C C. L I I.

# AVIS
## DE L'ÉDITEUR.

S'IL paroît un Ouvrage d'un genre nouveau & singulier, on en voit aussi-tôt une infinité de Copies; les Auteurs ne s'aperçoivent pas que la réussite d'un Ouvrage est souvent dûe à sa nouveauté, ou à la façon heureuse dont il a été traité ; & qu'ainsi n'ayant pas le mérite de l'invention, ils devroient avoir

II. Partie.　　　A

plus de génie que celui qu'ils imitent. Ils travaillent dans un genre qui a réuſſi, & ils fondent le ſuccès de la Copie ſur celui de l'Original. Le Livre, * qui, ſucceſſivement, vient de paroître, a donné lieu à celui-ci. L'Auteur de l'Hiſtoire d'Ema a cherché un ſujet, qui fût ſuſceptible de reflexions philoſophiques & morales : Mais s'étant fort etendu ſur les matieres qui avoient rapport à

---

*Conſiderations & Memoires ſur les mœurs de ce Siécle.

ſon objet, le Roman a été
continuellement interrompu ;
& l'interêt qu'il pouvoit y a-
voir a été entierement réfroidi.
Outre ces deux défauts, il s'en
eſt trouvé un plus conſiderable
encore. L'Auteur, pour ſuivre
ſon plan, ayant été obligé de
conſerver l'allégorie même
dans ſes reflexions philoſophiques ; la matiere, qui étoit
déja aſſez abſtraite d'elle-mê-
me, eſt devenue abſolument
obſcure par la forme. C'eſt ce
qui m'a déterminé à les retran-

A ij

cher du corps de l'Ouvrage,
& à en supprimer quelques-
unes, qui n'auroient eu aucun mérite, n'étant plus ame-
nées. Celles que j'ai confer-
vées ayant pour but des objets importans, j'ai cru que le
Lecteur les verroit avec plai-
fir ; & je me flatte que l'Auteur, qui a bien voulu me
laiffer le maître de difpofer
de fon manufcrit, ne pourra
qu'approuver le parti que
j'ai pris, de raffembler, fous
des Chapitres differens, les

réflexions, qu'il avoit dif-
perſées dans le corps de ſon
Hiſtoire. Diviſum ſic breve
fiet Opus ; l'Ouvrage ainſi partagé en deviendra plus
court. La confiance, que
l'Auteur a en moi, m'engage
auſſi à faire quelques remar-
ques ſur ſon Ouvrage ; c'eſt,
je penſe, lui rendre un ſervice
important. D'autres critiques
ſe chargeroient de ce ſoin ;
& comme ils n'auroient pas
pour lui autant d'attachement que j'en ai, ils le mé-

nageroient moins sans doute.

L'Histoire d'Ema, c'est l'Histoire de l'Ame, ou plutôt d'une Ame; Norasi, c'est la Raison ; & les cinq compagnes, ce sont les Sens ; leurs noms * sont Grecs , & ceux d'Ema & de Norasi sont des anagrames de mots François.

Il paroît d'abord, que le sujet de cet Ouvrage tend

* On les a alteré, pour en adoucir la prononciation. Aphé désigne le *toucher*, Opsis la *vuë*, Zeusis le *goût*, Ophrantise l'*odorat*, & Akoé l'*ouie*.

à prouver l'empire inévitable,
que les sens ont sur l'Ame :
mais l'Auteur n'a pas tiré ,
ce me semble , de son sujet
tout ce qu'on en pouvoit at-
tendre. Les sens ne jouent
pas un assez grand rôle
dans le cours de cet Ou-
vrage , & Ema ne se trou-
ve pas dans toutes les situa-
tions qui auroient pû déveloper l'empire, qu'ils ont sur
elle. Il paroît aussi que
le caractere d'Ema n'est pas
bien soutenu ; on la repréfente

A iv

d'abord comme une perfonne foible ; & elle finit par montrer beaucoup de fermeté : on dit qu'elle eft orgueilleufe; & elle paroît douce & foumife avec Mools. Il eft vrai que l'Amour peut changer le caractere ; & que l'Auteur a marqué pofitivement, que les avis étoient partagés fur celui d'Ema. Le ftile de cet Ouvrage n'eft pas égal; ce qui feroit croire qu'il eft plutôt écrit par un homme du monde, que par un homme

de *Lettres* : *Diſtinction* im-
perceptible, à la verité ; mais
que la profonde ignorance
des uns entretient , malgré le
peu d'érudition des autres.

Après avoir dit , que les
ſentimens ſont partagés ſur
la Perſonne d'Ema ; l'Au-
teur fait de la Raiſon , ſous
le nom de Noraſi , un portrait odieux : il ne lui ac-
corde aucun empire ſur les
Sens. Je ſçais bien , qu'on lit
avec plaiſir dans M.de Des

*Houlieres ces vers sur la Raison.*

Toujours impuissante & sévere,
Elle s'oppose à tout, & ne surmonte rien ;
Sous la garde de votre Chien,
Vous devez beaucoup moins redouter la
colere
Des Loups cruels & ravissans,
Que sous l'autorité d'une telle chimere,
Nous ne devons craindre nos sens.

*Mais, après avoir montré le peu de pouvoir de la Raison, il reste encore beaucoup de choses à dire en sa faveur : elle calme & dirige nos passions ; elle les combat perpétuellement ; &, si* elle céde quelquefois , elle triomphe souvent. Ses préceptes ne sont pas obscurs & incertains , ainsi que l'Auteur le prétend ; ils tendent tous à nous rendre justes ; & c'est de la raison seule que nous devons prendre des regles de vertu. Je sçai que les passions ont leur empire ; mais je pense que la Raison a ses droits.

L'Auteur, en disant qu'Ema dormit toujours , semble

infinuer, qu'il eft inutile d'inf-
truire les enfans dans leur
plus bas âge. Loin d'être
de fon avis , je penfe que les
premieres années de la vie
des hommes font les plus
précieufes. Si l'Ame eft alors
comme une boule de cire ; c'eft
donc alors qu'il faut y gra-
ver le fentiment des vertus :
on voit , par l'attachement ,
que les hommes ont à leur
Religion , combien les premieres impreffions font fortes. Je voudrois donc qu'a-

vant toute autre idée, on leur donnât celle de la vertu. Mais pour leur inspirer mieux ce qu'ils doivent aimer ; & comme toutes nos idées viennent des sens ; il faudroit fixer l'attention des enfans par plusieurs organes. Ainsi, en même tems que je leur définirois ce que c'est que la vertu ; que je tâcherois de la leur rendre aimable ; que je leur en démontrerois les avantages : je

frapperois leurs yeux par
des peintures expreſſives ; je
perſonnifierois tous les ſentimens , qui doivent for-
mer le cœur de l'homme ;
je leur offrirois des ta-
bleaux , qui exprimeroient
quelque action vertueuſe ;
la vertu s'y préſenteroit
ſous de douces & d'agréa-
bles couleurs ; l'homme vertueux y paroîtroit heureux
& couvert de gloire : tandis
que le vice ſeroit exprimé
par une figure hideuſe , par

un sombre coloris, & que
le vicieux paroîtroit accablé de tourmens & couvert
d'opprobre. Je voudrois
aussi, que les maximes d'humanité, qu'on ne sçauroit
trop leur insinuer, fussent
quelquefois accompagnées
d'une musique, qui imprimât
fortement les sentimens de
vertu & de justice qu'elles
renferment ; car je pense que,
dans l'éducation des enfans,
la musique est un point aussi
essentiel que négligé. Les

*Philosophes* & les *Législa-*
teurs anciens la regar-
doient comme une affaire
d'Etat ; * *si* elle ouvre le
cœur à des *sentimens* un peu
trop tendres, le mal est moins
grand, que *si* l'Ame étoit in-
accessible à la pitié & à la
commisération. P*our* perfec-
tionner la morale, on devroit

-----

* *Platon* dans sa Republi-
que : « Damon vous dira, *dit - il*,
» quels sont les accords capa-
» bles de faire naître la bassef-
» se de l'Ame, l'insolence, & les ver-
» tus contraires.

quelquefois

quelquefois avoir recours à des moyens physiques. Après s'être assuré du caractere des enfans, je crois qu'on pourroit avoir égard aux alimens dont on les nourrit, & au climat où on les éleve. Je m'étendrois volontiers sur un sujet aussi important, que celui de l'éducation des enfans : mais, comme je m'écarterois beaucoup des principes reçus, je dois m'imposer silence, & ne pas donner sur un sujet aussi

II. Partie.　　　　B

intéreſſant , un ſiſtême ,
qui ne ſeroit peut-être adop-
té que par quelques Particuliers : ce n'eſt que le tems,
ou l'autorité , qui peut faire
changer les opinions. Je dirai ſeulement, que je n'ai pas
été content de ce qu'on a
écrit ſur l'éducation des enfans , quoique cette matiere
ait été traitée par de trèsgrands Ecrivains.

Mais revenons à l'Hiſ-
toire d'Ema. Noraſi lui
annonce, qu'elle doit être unie

à un Etre Divin, qui est le Bonheur. C'est une nouvelle allégorie, que l'Auteur ne soutient pas long-tems, & qu'ainsi il auroit dû éviter. La scène d'Ema avec Aphé, qui désigne le Toucher, ne me paroît pas assez châtiée ; & comme dans cet Ouvrage, c'est le seul endroit qui soit libre, il me semble que l'Auteur auroit dû le voi-ler ; il est même mal-adroit à lui de ne l'avoir pas ab-solument supprimé, parce

qu'on s'imagine, lorsqu'on
entrevoit qu'*Ema* a du penchant pour *Nadir*, que le
moment où il triomphera
d'elle, offrira une peinture ex-
trêmement vive ; & l'on eſt
fort ſurpris de diſtinguer à
peine l'inſtant où elle s'aban-
donne à lui. Son amour pour
*Nadir* n'eſt pas trop juſtifié ;
& , après le portrait que *No-*
*raſi* lui avoit fait du bonheur,
il eſt bien difficile de croire,
qu'elle ſe ſoit mépriſe , &
qu'elle ait pris *Nadir* pour

l'*Etre Divin*, que *Noraſi*
lui avoit promis. *La pre-*
*miere lettre*, qu'*Ema* en re-
çoit, m'a aſſèz plû ; &, ſi le
ſtile en eſt un peu fort, c'eſt le
ſtile de la raiſon, qui ne doit
pas ménager les termes. *La*
*ſeconde* n'eſt pas ſi bien ; &
cependant les objets, qui
l'occaſionnent, étoient ſuſ-
ceptibles de bien plus de
force. Mais, avant que de
parler de cette lettre, j'aurois
dû dire, que les deux paſſions
que reſſent *Ema*, ne mettent

pas un grand mouvement
dans son Histoire. Elle devient ambitieuse, elle s'aban-
donne à la haine ; on ne sçait
pas trop pour quoi : & elle
reprend de la modération &
de l'indifference avec la mê-
facilité, sans que le passage
subit de ces sentimens soit
préparé ni justifié. On donne
tout de suite trois Amans à
Ema, sans qu'elle paroisse en
aimer aucun : il est vrai que
l'Auteur, ayant voulu mar-
quer l'empire des passions sur

elle, a été obligé d'éloigner l'Amour en partie, & de s'en servir en partie, parce que la plus grande force des femmes, naît de leur figure, & de l'amour qu'elles inspirent: alors elles employent les hommes, pour servir leur ambition. C'est donc pour la satisfaire, qu'elle se fait aimer de Zarès; c'est pour assouvir sa haine, qu'elle donne de l'amour à Arsane. Si elle avoit aimé ces deux Amans; l'ambition & la haine, ces deux grandes paſſions , n'auroient plus été que dans le ſecond ordre. C'eſt à Mools , qu'il eſt ré-ſervé de lui faire reſſentir les mouvemens les plus vifs de l'amour.

L'Auteur auroit pû choi-ſir un homme plus aimable : mais comme il vouloir faire revenir Noraſi , il a appa-ramment voulu lui donner plus d'avantage , pour com-battre les ſentimens d'Ema. Ses conſeils, qui ne font aucun effet

effet fur elle, en produifent
fur Mools; alors c'eft moins
la raifon qui éloigne Mools
d'Ema; que la bizarrerie de
fon caractére, ou que l'affoibliffement de fon amour.
Ema refte feule avec No-
rafi, & en attend le bonheur
qu'elle a défiré en vain.
Elle le cherche & ne le
trouve point dans l'étude;
mais ce n'eft pas dans l'e-
xamen des fciences, que le
bonheur doit fe trouver : ainfi il étoit affez inutile de s'é-
II. Partie.                    C

tendre *sur* differens genres de
*s*ciences.

*E*ma quitte Norafi; recher-
che encore une fois le bonheur
dans les plaisirs des sens ;
enfin, ne trouvant partout que
contradictions & que dé-
goût , elle termine son malheureux sort. Cette cataftro-
phe paroît bien peu amenée;
& je pense qu'elle révoltera
ceux, qui, ne s'ennuyant pas,
ou ne croyant pas s'ennuyer,
ne comprendront pas , com-

ment on se résout à quitter
la vie, parce qu'elle est en-
nuyeuse. Cependant, si ce parti pouvoit être justifié, il
me semble qu'il le seroit dans
cette position. Les maladies
n'ont qu'un tems ; les grandes
douleurs cessent ; le chagrin
s'évanouit : mais l'ennuy nous
obséde la nuit, & nous tour-
mente le jour. On remarque
dans le Pays, où le Suicide est
le plus commun, que le dégoût
de la vie est presque toujours
le seul motif, qui engage les
C ij

*hommes à se donner la mort,*
*& qu'il est fort rare, que ce*
*soient des malheurs réels, qui*
*les portent à ce parti extrême.*

* Et sœpe adeò mortis formidine vitæ

Percipit humanos odium, lucisque vi-
dendæ,

Ut sibi consciscant mœrenti pectore le-
thum,

* *Lucret. L. III.*

*P. S.* Q u a n t *aux dis-*
*cours, qui composent la Se-*
*conde Partie de cet Ouvra-*

ge, je n'en dirai rien, parce que j'y ai beaucoup tra-
vaillé. Je remarquerai feu-
lement, que la plûpart des
chofes qu'ils contiennent, ne
font pas fort neuves : mais
l'Auteur & moi, nous de-
vons avoir le même privilé-
ge, que les Ecrivains de notre
fiécle, qui répetent affez volontiers ce qu'on a dit avant
eux ; & nous croyons devoir
profiter du moment favora-
ble, où le Public veut bien li-

xxx

re plusieurs fois les mêmes choses : il est à croire qu'il ne sera pas toujours si complaisant.

# CONSIDERATIONS
## *PHILOSOPHIQUES.*

## DISCOURS I.
### DE L'AME.

*In primis, ratione sagaci,*
*Unde anima atque animi constet na-*
*tura, videndum.* Luc.

L seroit aisé, mais fort long, de rap-porter les différentes opinions, que les hommes ont eues sur l'Ame: ainsi nous nous y arrêterons le moins qu'il nous sera possible. Cicéron pré-

tend que c'est Phérécide,
qui, le premier, répandit
dans la Gréce, le dogme de
l'immortalité de l'Ame.
Platon est celui, qui a le
plus approfondi cette ma-
tiere; mais son opinion n'a
pas été généralement sui-
vie. Il est aisé de prouver,
par différens passages de
Cicéron, de Virgile, d'O-
vide, de Séneque, que les
anciens n'avoient pas sur
l'immortalité de l'Ame,
une créance fixe, générale
& autorisée. Les Grecs ni
les Romains, n'étoient pas
persuadés que l'Ame dût

furvivre au Corps. Qu'on life leurs Ouvrages ; & on fera bien convaincu, qu'ils n'adméttoient point une Ame diftincte du Corps. Si des Poëtes ont parlé des Enfers, & des tourmens qu'on y fouffre ; ces mêmes Poëtes ont détruit cette idée dans d'autres Ouvrages. Virgile eft Poëte, lorfqu'il décrit le Ténare & les Champs Elifées; il eft Philofophe, lorfqu'il foule aux pieds les craintes ridicules & le bruit imaginaire de l'Achéron. Eh ! comment les anciens auroient-

ils eu une idée distinc-
te de l'immortalité de
l'Ame, eux qui la regar-
doient comme étant de la
même nature que le
Corps, à quelques modi-
fications près ; eux qui
croyoient que leurs Dieux
mêmes étoient corpo-
rels ? *

Les anciens n'admettoient
qu'une seule substance

---

* *Quod verò sine corpore ullo Deum
vult esse, ut Græci dicunt,* ἀσώματον *,
id quale esse possit intelligi non potest.*
Cic. de Nat. Deor. L. 1.

dans l'Univers, dont la spiritualité & la matérialité étoient les principaux attributs : la spiritualité consistoit dans un assemblage des parties les plus déliées ; la matérialité se formoit des parties les plus grossieres : d'où il est aisé de conclure, qu'ils ne pouvoient raisonnablement soutenir l'immortalité de l'Ame. Il faut nécessairement admettre deux substances, pour croire que la dissolution du Corps n'entraînera pas celle de l'Ame : & les anciens n'avoient pas

une idée claire de cette diftinction de la fuftance penfante & de la fubftance
étendue. Ils n'auroient pas
dit, ainfi qu'on l'a avancé
de nos jours, que l'idée d'un
efprit eft plus aifée à concevoir que l'idée de la
matiere. Cette diftinction,
fans laquelle on ne peut
foutenir la fpiritualité de
l'Ame, n'avoit pas été bien
éclaircie avant M. Defcar-
tes ; c'eft donc fon fiftême
qu'il faut déveloper, comme celui qui fournit les
preuves les plus fortes de
la diftinction réelle des

deux substances, dont l'immortalité de l'Ame est une suite assez nécessaire. Je vais donner à son sistême toute la force, que je pourrai lui donner; & j'y joindrai les éclaircissemens, que je trouverai dans les Ouvrages de ses Disciples, & ceux que mes propres réflexions pourront me suggérer.

## De la Spiritualité de l'Ame.

LA substance, considérée en général, est une chose dans laquelle réside quelque proprieté ou quelqu'attribut, dont nous pouvons nous former une idée réelle. Par l'attribut, nous venons à connoître la substance. Si les attributs sont semblables, les substances sont de même nature ; si les attributs n'ont rien de commun, s'ils répugnent entr'eux, nous devons juger que les substances sont differentes en nature. Si l'on parvient à montrer, que les attributs qui appartiennent à l'Ame , & ceux qui conviennent au Corps , n'ont entr'eux aucun rapport , on sera obligé de reconnoître deux substances,

Entre les différens attributs , qui appartiennent à chaque substance , il faut chercher celui qui lui est le plus essentiel, & qui constitue proprement son essence ; celui que tous les autres attributs supposent nécessairement, & qui n'en suppofe aucun ; celui fans lequel il eft impoffible de concevoir la fubftance.

On peut concevoir une matiere qui ne foit ni ronde , ni quarrée , ni large; mais il n'eft pas poffible de concevoir une matiere, qui ne foit pas étendue. L'étendue eft donc l'effence de la matiere. De même on peut concevoir un efprit qui ne fente point, qui n'imagine point , qui ne juge point ; mais il eft impoffible de concevoir un efprit qui ne penfe point, La penfée eft donc l'effence de de l'efprit , & ce qui le conftitue.

Suivant les différentes modifications de la penfée, l'efprit tantôt défire, tantôt imagine ; de même que , felon les différentes modifications de l'étendue , la matiere eft tantôt du feu , tantôt du bois.

L'Ame peut douter de tous fes autres attributs , excepté de celui par lequel elle a le droit de penfer , puifque le doute même eft,

une penſée : or, la pen-
ſée n'a ni longueur, ni
largeur, ni profondeur;
elle n'eſt donc pas un mode d'une ſubſtance étendue;
mais elle exiſte, & elle eſt
un mode réel & effectif :
il faut donc néceſſaire-
ment, puiſqu'elle ne peut
l'être d'une ſubſtance étendue & corporelle, qu'elle
le ſoit d'une ſubſtance in-
corporelle & ſans étendue :
ce qui emporte la ſignifi-
cation du mot ſpirituel. Ce
qui penſe, & ce qui eſt éten-
du, ſont donc deux Etres
différens, puiſque leurs at-

tributs n'ont rien de commun.

Le mode, par sa nature,
ne doit pas être conçu clai-
rement , sans qu'on ne
conçoive en même tems la
substance, dont il dépend.
Il y a entr'eux une liaison
nécessaire & sensible : on
ne peut concevoir l'éten-
due, sans avoir l'idée de la
matiere; la pensée ne peut
être conçue , sans amener
l'idée de l'esprit. Ainsi notre Ame, dont l'attribut est
la pensée , est un Etre spi-
tuel, distinct de la matiere,
dont l'attribut est l'étendue,
D ij

& à qui la penfée ne convient point. Les Corps ne penfent point, & les Ames ne font ni figurées ni étendues. Pourroit-on imaginer, que, des atomes qui compofent les Corps, il y en a qui font fols, qui font aimables, fpirituels, qu'ils s'aiment, ou qu'ils fe haiffent ? Dira-t'on qu'après avoir été fans connoiffance, il viendra une fituation, dans laquelle ils fe connoîtront & affirmeront ou nieront telle chofe? On ne dira pas non plus qu'une penfée eft bleue, qu'elle eft verte, qu'elle est chaude ou froide, longue ou large ; qu'elle peut se partager par tiers, par quart, par moitié. L'absurdité de telles suppositions montre évidemment que, dans l'idée que nous avons d'un Esprit, il n'entre aucune propriété qui appartienne au Corps ; & que, dans l'idée que nous avons des Corps, il n'entre aucune propriété de l'Esprit. Non-seulement on peut les concevoir l'un sans l'autre mais l'idée de la substance étendue exclut tout ce qui est attaché à l'idée de la subſtance penſante. Plus nous conſidérons les différences de la matiere & celles de l'Ame, plus nous voyons l'éloignement de ces deux ſubſtances.

L'étendue n'eſt capable que de différentes figures, & ne peut produire ni la penſée ni le raiſonnement. Quelque forme, quelque mouvement, quelque chaleur qu'ait la matiere, elle eſt incapable de penſer. Il y a cependant en nous quelque choſe qui penſe : il y a donc en nous une ſubſtance diſtincte de la matiere : autrement elle donneroit ce qu'elle n'a point ; ce qui eſt abſurde.

Il eſt impoſſible de concevoir , qu'un aſſemblage d'Etres non penſans puiſſent produire une ſubſtance penſante. Les atomes n'ont rien de plus parfait les uns que les autres. S'il n'y a pas de ſubſtance diſtincte de la matiere , tout l'Univers doit être animé ; tous les Etres doivent être penſans, puiſqu'ils ſont tous également matiere. Les composés ne sont point différens des choses dont ils sont composés ; elles demeurent toujours les mêmes dans leur composition. La division, la composition ne changent rien dans la nature des choses composées : elles offrent & apportent simplement de nouvelles figures. Si un certain arrangement de matiere pouvoit produire la pensée, la pensée ne seroit pas distincte de la matiere ; elle en seroit le mode : & ce qui n'est

pas

pas diftinct de la matiere,
eft effentiellement matiere; or un Etre ne peut être
fans fon effence ; ainfi il en
réfulteroit néceffairement,
que la faculté de penfer ac-
compagneroit toujours les
Corps, après leur défunion,
quelques formes & quel-
ques figures qu'ils priffent;
& qu'ainfi toute la matiere
feroit penfante : ce que la
raifon condamne.

Ce qui eft dans la ma-
tiere , y eft effentiel ou
accident ; oû il faut qu'il
foit effentiel à la ma-

*II. Partie.*                    E

tiere de penser, ou que la matiere acquiére la pensée. S'il est essentiel à la matiere de penser, tout ce qui est matériel doit penser: mais tout cequi est matériel ne pense pas; il n'est donc pas essentiel à la matiere de penser. Elle n'acquiert pas non plus la pensée : ce n'est point par le repos ; puisque le repos n'apporte aucun changement. L'acquéreroit elle par la force du mouvement? Mais le mouvement n'occasionne qu'un changement de situation, qu'un arrangement nouveau, & ces différences ne produisent point la pensée, puisqu'il y a une infinité de Corps, qui se meuvent & qui ne pensent point. Ce n'est pas non plus un mouvement particulier qui produit la pensée, puisqu'on ne conçoit de différences dans le mouvement, que la rapidité, la lenteur & la détermination; mais la rapidité n'est qu'un transport plus vîte, & n'est pas une nouvelle qualité de la matiere : la détermination n'est que le mouvement de la matiere, qui se porte plutôt d'un côté que d'un autre : ces differences peuvent - elles faire naitre la pensée? Ce ne sont point les differences des lieux où l'on va, de ceux d'où l'on vient, & de ceux où l'on passe, qui peuvent produire la pensée ; puisque ce sont des choses extérieures au sujet qui se meut & qui acquiert la pensée. Si le mouvement produit la pensée, je demande si c'est du mouvement d'un seul atome ou de plusieurs. Si c'est du mouvement d'un seul ato-

me, pourquoi cette pré-
férence ? Si c'est du mouvement de plusieurs, la
pensée sera donc partagée
dans un nombre infini
d'atomes : en retranchant
une partie des atomes, on
retranchera une partie de
la pensée même ; elle sera
divisible. Mais comment
concevoir, qu'on divise
une pensée ; & que résul-
teroit-il de cette division ?
On divise l'étendue, parce
qu'elle a des parties : mais
la pensée, qui n'a aucune
des dimensions qui appar-
tiennent au Corps, ne peut

être divisée : si la pen-
sée sortoit du mouvement,
il seroit lui-même un prin-
cipe pensant & connoissant;
autrement l'effet seroit plus
noble que sa cause. Si la matiere seule ne peut produire la pensée, pourquoi sor-
tiroit-elle du mouvement,
qui ne fait qu'approcher
ou qu'éloigner les Corps?
La pensée qui n'appartient
pas à la matiere, ne sçauroit
être l'effet du mouvement
qui n'en est que le mode.

# CONSIDERATIONS
## *PHILOSOPHIQUES.*

## DISCOURS II.
### DE L'AMOUR DE LA GLOIRE.

*Spem longam reseces.*  Hor.

'AMOUR de la Gloire, le désir extrême de faire parler de soi, produit-il plus de bien que de mal; nous porte-t'il à la vertu, ou nous en éloigne-t'il ? C'est ce qu'il s'agit d'examiner.

E iv

Si les Hommes font vertueux, Philofophes, juftes, humains, éclairés; fans doute que le défir de leur plaire doit nous exciter aux plus belles actions : fi au contraire ils font injuftes, fanatiques, violens, & aveugles ; l'envie d'en être loué ne pourra que nous porter à des excès vicieux. Mais, fans examiner ce que font les hommes, recherchons qu'elles font les qualités qu'ils admirent : nous verrons que la hardieffe, le génie, l'ambition, le courage, la témérité mê-

me, entraînent leurs suffra-
ges; que les difficultés vain-
cues, les conjurations, les
succès brillans, les con-
quêtes, les ruses de la Poli-
tique sont les exploits qui les
frappent & qu'ils admirent.
Nous ne verrons pas que
l'innocence des Mœurs, la
sagesse, la générosité, la
vérité, la justice, la pro-
bité rigide excitent leur
admiration. »

» Il y avoit, *dit l'Ec-*
« *cléfiaste,* * une petite

---

* Chap. 9. ℣. 14, 15, 16.

» Ville avec peu d'Habi-
» tans, contre laquelle eſt
» venu un Grand Roi qui
» l'a environnée, & qui
» a bâti de grands Forts
» contre elle ; mais il
» s'y eſt trouvé un pauvre
» Homme ſage, qui l'a dé-
» livrée par ſa prudence ;
» & nul ne s'eſt ſouvenu
» de ce pauvre Homme-
» là : alors j'ai dit : la
» prudence vaut mieux
» que la force ; & cepen-
» dant la prudence de
» ce pauvre Homme a été
» négligée, & l'on n'en-
» tend point parler de ſes

» faits. »Ce n'est donc pas,
selon le plus sage des Rois,
la sagesse & la prudence
qui excitent l'admiration
& les louanges des Hom-
mes : ainsi ce ne sera pas
au bien & à la Vertu,
que nous portera le désir
extrême d'en être applau-
dis. Ce que les Hommes
appellent de grandes ac-
tions ; ce qu'ils admirent
avec une espèce de culte,
ce ne sont souvent que
de grands crimes aux yeux
de la raison. » O ! Athé-
niens, « s'écrie Aléxan-
dre » pourrez - vous ja-

» mais croire les grands
» périls que je cours, pour
» être loué de vous? » Que
faisoit-il donc ? Il dépeu-
ploit le Monde ; il con-
quéroit l'Asie , il subjuguoit les Nations; enlevoit
aux Rois leurs possessions
les plus légitimes & les
plus anciennes ; il com-
mettoit toutes sortes d'injustices. Voila les effets,
que produisoit le désir extrême qu'il avoit d'être
loué des Athéniens : voila
les titres, qui devoient lui
assurer l'admiration des
siécles à venir ! Il est vrai

qu'à ces actions , on en
peut oppofer , qui font
honneur à l'humanité ,
qui caractérifent le véri-
table Héroïfme , qui for-
cèrent enfin Darius à ad-
mirer la douceur , & la
générofité du Vainqueur ,
qui le dépoffédoit de
fes Etats : mais fi nous
remontons aux princi-
pes de ces actions fi op-
pofées , nous reconnoî-
trons fans peine , que le
meurtrier de Clitus ne fe
propofoit que l'admira-
tion des Hommes , lorf-
qu'infolemment il traver-

sa le Granique, & se dis-
posoit à passer le Gange;
& qu'il n'a cédé qu'aux
mouvemens de son cœur
& de sa raison, lorsqu'il
a usé de la plus grande clé-
mence envers la mere, la
femme, & les enfans de
Darius.

Mais c'est l'amour ef-
fréné de la gloire, qui,
après la conquête de l'Asie,
lui fit entreprendre celle
de l'Inde; puisqu'étant for-
cé d'abandonner ce pro-
jet, il ne craignit pas de
s'abaisser à la ruse, pour

en impoſer à la poſtérité,
& lui donner plus d'ad-
miration pour ſes exploits:
car *il fit faire des armes
plus grandes , des mangeoi-
res pour les chevaux plus
hautes , & des mords de
brides plus peſans qu'à l'or-
dinaire, qu'il laiſſa dans les
plaines qu'il abandonna* *.
Voila où conduit le déſir
extrême des louanges :
tous les moyens ſemblent
permis, pour ſe les attirer.
Je crois, à la vérité, que
l'amour de la gloire eſt
moins dangereux dans les

* Plutarque , Vie d'Aléxandre

particuliers , que dans les Princes ; parce que ceux-ci ne rencontrent rien, qui s'oppofe aux effets de cette paffion , que l'affoibliffement total de leurs forces ; & parce que les objets, qui peuvent l'exercer, font fi importans, qu'ils intéreffent les Nations. Leur nom eft déja fi connu, que, pour l'étendre encore , la guerre eft le plus fûr moyen qui s'offre à eux ; mais qu'elle foit heureufe ou malheureufe, elle n'en eft pas moins un mal réel. Les conquêtes toû-

jours

jours funestes ; les grands
établissemens toûjours rui-
neux ; les changemens dans
le Gouvernement toûjours
à craindre ; les édifices publics , les Monumens su-
perbes ; ces spectacles de
l'orgueil , qui, pour cons-
tater aux siécles à venir la
gloire & la puissance d'un
Roi , causent la ruine &
le malheur de ses sujets ,
font les scènes, qui peu-
vent exercer la passion do-
minante, qu'un Prince au-
ra d'avoir un nom fa-
meux. Nous n'aurions que
trop d'exemples à rappor-
*II. Partie.*                F

ter du malheur des peuples, dont le Prince a été trop avide de gloire : & l'Aléxandre du Nord fut le fleau de ses Sujets. Le désir de la rénommée a fait des conquérans ; elle a produit des hommes extraordinaires, qui pour se rendre célébres, ont été les instrumens des malheurs publics ; esprits hardis & turbulens, qui ont crû légitime tout ce qui leur a paru glorieux. Mais ce n'est pas à ce motif que nous devons ces Rois, qui, occupés du bonheur de

leurs sujets , ont moins
cherché à étendre leur
nom , qu'à le faire ado-
rer de ceux qui le pronon-
çoient : ils ont eu la Justice en vue , & l'ont pré-
férée à un vain désir de
gloire : ils n'ont pas entre-
pris des guerres , uniquement par l'espoir des succès brillans ; mais ils en
ont terminées, pour assurer
la tranquillité de leur peu-
ple.

On justifie l'amour de
la gloire par les bons effets, qu'on prétend qu'elle

produit ; mais je trouve que l'émulation, qu'elle excite, nous porte plutôt à désirer d'être au-dessus des autres, qu'elle ne nous engage à remplir nos devoirs plus exactement qu'eux : Or, si cela est vrai, elle doit produire de bien mauvais effets ; car, pour s'élever, les moyens qu'on employe communément, sont presque toûjours desavoués par l'humanité. On veut être distingué par les places, & par les dignités ; quelquefois je l'avoue, par les actions :

mais on préfére toûjours celles qui ont de l'éclat , à celles qui seroient réelle-ment bonnes. L'émula-tion, j'en conviens , fait ressortir nos talens ; mais elle ne les dirige point : & comme de grands talens suffisent toûjours, pour ac-querir de la gloire , lors même qu'ils sont les moins bien employés ; il est à craindre que nous ne les tournions souvent au mal. L'émulation nous excite au travail , & nous fait sor-tir d'une indolence con-damnable ; mais elle nous

jette souvent dans une ac-
tivité dangereuse.

Ce n'est pas le désir de
la gloire, qui doit seul nous
engager à remplir nos de-
voirs ; puisque souvent, par
des circonstances singulié-
res, on est obligé de sacrifier sa propre gloire aux
obligations de son état. Il
faut , pour régler nos actions , quelque chose de
plus pur : autrement quel
désordre ne s'ensuivroit-il
pas ? On ne feroit pas les
bonnes actions , lorsqu'elles resteroient ignorées ;

& l'on se porteroit aux plus mauvaises , lorsqu'on ne craindroit pas qu'elles fussent connues. On ne peut se rappeller les effets de cette passion , sans être effrayé des maux qu'elle a causés. Combien de fois Rome , qui subjuguoit le monde , a-t-elle été le jouet des hommes avides de la gloire. Sa Grandeur n'a souvent servi, qu'à la grandeur d'un particulier ; ses forces n'ont souvent été employées , que pour élever un de ses citoyens. Car les hommes, qui veu-

lent se faire un nom fa-
meux , sont toûjours prêts
à sacrifier l'intérêt général à leur vanité person-
nelle ; & les moyens, qu'ils
employent, exposent toû-
jours leurs concitoyens à
une ruine totale. Ils ne se
proposent jamais ce qui
est bon ; ils cherchent toûjours ce qui est glorieux.
Jaloux de la gloire des autres, qu'ils regardent comme autant d'affoiblisse-
ment à la leur, ils cher-
chent à les traverser ; ou
ils hâtent une expédition
qui n'est pas encore mûre,

de

de crainte qu'un autre n'ait
la gloire de la terminer ;
& comme le succès des
événemens dépend toû-
jours du choix du tems ,
leur précipitation les fait
échouer , où par la lenteur
on auroit eu un succès certain. Le défir extrême de
fe faire un grand nom ,
leur fait entreprendre les
actions les plus témérai-
res ; ils rifquent de tout
perdre pour s'élever ; &
des milliers d'hommes
ont fouvent été la victi-
me du caprice, ou de l'em-
preffement d'un feul.

*II. Partie.*            G

La gloire n'eſt ni une vertu, ni un mérite ; elle eſt ſeulement une récompenſe : mais comme les hommes l'accordent rarement à la vertu & à la pratique exacte de nos devoirs, ceux qui déſirent de l'obtenir, ſe porteront toûjours aux choſes extraordinaires, & ils négligeront & mépriſeront les ſimples obligations de leur état. Le crime même uſurpe ſouvent nos homages ; & les actions les plus mauvaiſes, & les plus nuiſibles à la ſociété, ſont

souvent celles qui nous ac-
quièrent le plus de gloire ;
si l'on en doute , qu'on
jette les yeux sur *Cromvvel*,
*condamné à une réputation*
*éternelle* *,

Avant que de terminer
ce Discours , je dois m'ex-
pliquer sur une Remarque
qu'on fait assez ordinairement. Je n'ignore pas qu'-
on accuse ceux qui mé-
prisent les éloges , d'être
indignes de les mériter ;
je conviendrai même que
cette remarque est géné-

* Essai sur l'Homme de Pope,
*Epître IV*.

G ij

ralement affez jufte. Auffi mon projet, n'a-t-il pas été, de faire des contempteurs de la gloire. Elle eft une récompenfe, que le fage ne doit pas méprifer, & à laquelle il a droit de prétendre : mais étant rarement accordée au mérite & à la vertu, elle ne doit pas être l'unique fin qu'il fe propofe. Enfin, j'ai dit que l'amour de la gloire pourra faire de Grands Hommes; mais ne fera jamais d'honnêtes gens ; qu'elle produira de grandes actions ; rarement d'utiles & de bonnes,

# CONSIDERATIONS
## PHILOSOPHIQUES.

# DISCOURS III.

### DE LA DIFFICULTE' DE S'AVANCER DANS LE MONDE.

*Inter ſtrepit anſer olores.* Virg.

IL eſt aſſez commun d'entendre dire, que les gens d'eſprit ne ſçauroient réuſſir à la Cour : on donne même d'aſſez bonnes raiſons, pour appuyer ce ſentiment ; mais il me ſemble que l'expérience le dément, au moins jusqu'à un certain point, puisqu'il est certain qu'on voit bien des gens, qui ne doivent qu'à leur esprit seul leur élévation & leur fortune. On peut, il est vrai, citer un plus grand nombre de gens d'esprit, qui n'ont jamais pû s'élever, quelques efforts qu'ils ayent faits ; mais leur exemple ne prouve rien, puisque le nombre des Places & des Dignités est moins considérable, que celui des hommes d'esprit, qui y aspirent. On remarque encore des gens, qui, sans aucun mérite, se font

élevés au-deſſus des autres:
cela prouve ſeulement, que
l'eſprit n'eſt pas le ſeul
moyen, qui conduiſe aux
ſuccès.

Les gens d'eſprit trou-
vent des obſtacles ſans
nombre ; ils ont mille
combats à rendre , mille
difficultés à ſurmonter ;
cela eſt vrai : mais ils ont
auſſi plus de moyens, pour
lever les obſtacles ; plus
de force & d'adreſſe , pour
abattre leurs ennemis ;
plus de reſſources, pour
vaincre les difficultés : ils

font enfin plus fertiles en expédiens , que ceux qui n'étant pas craints , ne font pas attaqués. C'eſt la foibleſſe, qui fait la ſûreté des uns ; la force fait celle des autres. Les gens , qui ont montré peu d'eſprit , marchent , ſans avoir à craindre qu'on leur ait tendu des embûches ; mais ils marchent auſſi ſans flambeau , pour découvrir les piéges , que le hazard ſeul pourroit leur avoir dreſſés. On ceſſera donc de s'étonner , que les uns & les autres s'élèvent , & tombent

indifféremment, dès qu'-
on aura calculé les dan-
gers qu'ils ont à courir ,
& les reſſources qu'ils ont
pour les éviter. Ils arri-
vent , & doivent arriver
au même but : ils emplo-
yent ſeulement des mo-
yens différens, pour y parvenir. Les uns, par des che-
mins épineux , marchent
la tête levée , prêts à détruire les obſtacles qu'ils
rencontrent , prêts à ren-
verſer les barrieres , qui
s'oppoſent à leur paſſage.
Les autres, plus foibles, &
moins hardis , évitent les

lieux dangereux ; & au lieu
de franchir les retranche-
mens qui les arrêtent, ils
cherchent à les tourner ;
ils craignent le jour, &
marchent pendant la nuit:
aussi, lorsqu'ils tombent
dans les piéges les plus
grossiers, leur chûte est
ignorée, parce que leur
entreprise étoit inconnue;
mais les gens de génie,
sur qui on a toûjours les
yeux ouverts, ne font pas
un pas, qui ne soit examiné. Plus leurs projets ont
été vastes, plus leur conduite a été hardie ; & plus

leur chûte devient remar-
quable : c'eſt le ſpectacle
du jour. On n'a donné au-
cune attention à ces pe-
tits ambitieux, que le
moindre vent culbutte;
que le moindre orage ren-
verſe ; & qui ſont arrêtés
& déconcertés par le plus
léger des obſtacles : & l'on
conſidère avidemment la
chûte de ces hommes har-
dis, qui ont employé de
grands moyens, pour par-
venir à de grandes fins.
Que ces valets des Mi-
niſtres, qui ont mis toute
leur confiance dans les

baſſes flatteries, qu'ils pro-
diguent à leur idole ; que
ces hommes ignorés &
rampans , qui s'appuyent
de la faveur d'un Commis,
ſe voyent déchûs de leurs
grandes eſpérances ; leur
mauvais ſuccès eſt ignoré,
parce que leurs grands
projets étoient enſevelis
ſous la baſſeſſe des moyens.
Mais qu'un homme pré-
tende être élevé au-deſſus
des autres hommes, par
les dignités , & par les
places, parce qu'il ſe croit
déja au-deſſus d'eux , par
ſes lumiéres , & par ſes

talens: alors fa chûte est remarquée, parce que fes prétenfions étoient gran- des, & fes droits conteftés. La chûte d'un aigle, qui plane au haut des airs, eft plus frappante, que celle d'un infecte, qui rampe fous l'herbe: ils périffent cependant égallement : mais on voit la mort de l'un ; & celle de l'autre eft ignorée : de même on compte la chûte des grands hommes ; & celle des gens médiocres refte, ainfi qu'- eux, dans l'oubli.

Je vois des génies supé-
rieurs, renversés au com-
mencement, ou au milieu
de leur carriere : ils occupent la scène, & attirent
les yeux. Mais combien
de petits esprits, dont la
tête est remplie de projets,
s'échappent à ma vûe, à la
faveur de leur bassesse ! Ils
n'auroient cependant pas
mieux demandé, que de
jouer un rôle ; ils ont même fait des démarches,
mais si mal concertées,
qu'ils ont été arrêtés, dès
le premier pas. D'autres
ont employé des moyens,

mais ſi foibles, qu'ils n'ont
pû ſe ſoutenir long-tems.
Ils ont le cœur corrom-
pu & gâté, l'eſprit foible
& borné; ſans talens, ſans
mérite, leur ambition, ou
s'eſt renfermée dans leur
cœur, ou ne s'eſt jamais
montrée au grand jour.
Mais ſi l'on pénétroit leurs
projets & leurs deſſeins,
ſi l'on appercevoit leurs
brigues & leurs manœu-
vres; je crois qu'alors on
trouveroit, proportion
gardée entre le nombre des
gens d'eſprit, & le nom-
bre de ceux qui n'en ont

point, on trouveroit, dis-
je, que les uns n'ont pas
réuſſi plus ſouvent que les
autres, & qu'ainſi, c'eſt à
tort qu'on s'imagine, que
l'eſprit nuit plus qu'il ne
ſert. L'erreur de notre ju-
gement provient donc, de
ce que les revers qu'eſſu-
yent les gens de génie,
frappent nos yeux ; & que
les fauſſes démarches que
font les gens médiocres,
échappent à nos regards.
Si le mauvais ſuccès des
gens d'eſprit ne peut être
une preuve contre eux,
parce que cette preuve
peut

peut également servir contre ceux qui n'en ont
point; examinons actuel-
lement, si les succès de
ceux-ci doivent décider
en leur faveur.

Autant il étoit difficile,
dans la question précé-
dente, d'assurer son juge-
ment d'après l'expérience;
autant il est aisé, dans cette
nouvelle question, de le
fonder sur des faits : car
s'il étoit impossible, de
compter ceux qui n'ont
eu que le désir impuissant
de jouer de grands rôles,

*II. Partie.* H

il eſt bien facile de compter & d'examiner les Ac-
teurs, qui repréſentent au-
jourd'hui ſur le Théatre
du Monde. Et cet examen,
que chacun peut faire ,
prouvera , je m'aſſure, que
les gens ſupérieurs , & les
hommes bornés réuſſiſ-
ſent , & ſuccombent in-
differemment: & l'on con-
viendra , je crois , que cela
doit être , lorſqu'on aura
examiné , quels ſont leurs
avantages , & leurs déſa-
vantages réciproques. De
cet examen, il en peut réſulter , que les gens d'eſ-

prit ont. plus d'avantages, que ceux qui n'en ont point ; qu'au contraire les avantages font du côté de ceux-ci ; ou qu'enfin les uns & les autres ont des avantages, & des défavantages proportionnés : ce qui eſt mon ſentiment, & ce que l'expérience confirme. Car ſi l'on ſe dépouille de la malignité humaine, on avouera, que dans le nombre de ceux qui attirent nos regards, il y en a autant, qui ſont dignes de notre eſtime, qu'il y en a, qui méritent notre

H ij

mépris : & si l'on exami-
ne les moyens, par lesquels
ils se sont élevés , on re-
connoîtra aisément, qu'ils
ont dû indistinctement
partager les places qu'ils
occupent. J'en ai donné la
raison, au commencement
de ce Discours ; mais je
crois qu'il est nécessaire ,
que je la développe d'a-
vantage.

J'ai dit , que les obsta-
cles, que rencontroient les
gens d'esprit, étant fort
grands & fort multipliés,
on ne devoit pas être sur-

pris, s'ils échouoient fou-
vent ; mais qu'ayant en
eux beaucoup de reſſour-
ces, on ne devoit pas s'é-
tonner non plus, s'ils ve-
noient à bout de ſurmon-
ter les difficultés. J'ai dit
auſſi, que les gens médiocres, n'étant pas appréhen-
dés, avoient moins de
piéges à éviter ; mais qu'a-
yant peu de lumiéres, il
n'étoit pas ſurprenant non
plus, qu'ils échouaſſent, où
des gens éclairés n'au-
roient seulement pas été
arrêtés.

Que les gens d'esprit essuyent, de la part des autres hommes, toutes les traverses possibles, toutes les injustices imaginables; c'est ce qu'on ne peut révoquer en doute, & c'est ce que nous voyons tous les jours.

L'expérience journaliere auroit dû cependant nous apprendre, que les favoris de la fortune ne sont pas toûjours les héros de l'humanité; qu'elle élève des gens sans talens, sans mérite, préférablement à

ceux qui semblent être nés,
pour gouverner les autres;
cependant les hommes
craignent ceux, à qui ils
reconnoissent de grands
talens ; & ils élèvent ceux
qui n'en ont point. Quand
l'idole est sur le pinacle ,
ils sont tous étonnés qu'-
elle y soit montée ; & ils
reconnoissent à peine leur
propre ouvrage.

Dès qu'un homme mon-
tre de l'esprit, il s'attire la
haine & la jalousie. Ceux
qui intérieurement ressen-
tent leur foiblesse, se trou-

vent humiliés devant lui :
ceux qui ont grande opi-
nion d'eux-mêmes, font
fâchés d'être obligés de
partager la prétendue fu-
périorité, qu'ils s'étoient
arrogée. Voila des enne-
mis fans nombre, que fon
efprit feul lui attire, avant
que fes prétenfions puif-
fent lui en fufciter de nouveaux : mais des motifs
plus puiffans ne tardent
pas à fe joindre à celui-ci.
La fupériorité d'efprit n'eft
qu'une prétenfion toû-
jours conteftée, qu'on détruit en ne l'accordant
point ;

point, & l'amour propre
se refuse aisément à l'aveu
humiliant d'une supério-
rité qui importune. Il n'en
est pas de même des au-
tres avantages, qu'on peut
avoir sur nous : la préé-
minence dans les places,
est réelle & visible; ainsi
il faut en écarter celui,
qui, par son esprit, sem-
ble la devoir obtenir? &
pour y parvenir, est-il des
voyes trop soûteraines, &
trop obliques? Est-il des
piéges qu'on refuse de tendre, des ressorts qu'on
n'ose faire jouer? Est-il

*II. Partie.*                    I

des moyens, que leur baf-
feffe & leur indignité
nous empêchent d'emplo-
yer; des manœuvres , des
brigues , des cabales, des
calomnies , des noirceurs,
aufquelles on appréhende
d'avoir recours ? Tout eft
permis , pour arrêter un
Rival qu'on appréhende.
Ceux qui ont l'autorité en
main , s'en fervent , pour
le précipiter ; ceux qui
marchent fur le même
rang, le croifent inceffam-
ment ; & ceux qui ram-
pent dans la foule , cherchent à le troubler par

leurs clameurs continuel-
les. Un homme en place,
dont le crédit eſt puiſſant,
& dont la jalouſie eſt éclai-
rée par une grande con-
noiſſance du ſéjour qu'il
habite, ſe ſert des avan-
tages qu'il a, pour s'oppo-
ſer au premier pas, que fait
un homme d'eſprit : il le
regarde déja comme ſon
Rival, parce qu'il conſi-
dére dans un homme qui
n'eſt encore rien ; ce qu'il
peut être un jour, & qu'il
craint de voir, ſur le même rang que lui, un hom-
me, dont les lumières obſ-

curciroient néceſſairement
les ſiennes ; il aimera
mieux partager ſon pou-
voir avec des gens ſans
talens & ſans mérite. De
même, lorſque ceux qui
aſpirent aux honneurs ,
perdent l'eſpérance d'y
parvenir ; ils tâchent d'y
élever un homme qu'ils
més-eſtiment : & parce
qu'ils ſe flattent , que ſon
incapacité le fera bien-tôt
deſcendre du rang , où ils
l'ont fait monter ; c'eſt
une nouvelle ſcène qu'ils
préparent : ce ſont des eſpérances qu'ils entretien-
nent.

Que de force & d'a-
dreſſe un homme d'eſ-
prit ne doit-il pas employer ? Que d'obſtacles n'a-
t-il pas à vaincre ? Il doit
ſe défendre contre des ennemis puiſſans ; combat-
tre des Rivaux jaloux ; é-
carter une multitude in-
comode & formidable
par ſon grand nombre. Il
doit éviter les écueils, qui
naiſſent ſous ſes pas ; s'op-
poſer à la force des ennemis déclarés contre lui ; &
éviter les ruſes de ceux,
qui, plus dangereux, ca-

chent leurs noirs projets, ſous le voile de l'intérêt & de l'amitié. Voila quels ſont les dangers, qu'il a à courir. Examinons actuellement, quelles ſont ſes reſſources.

Le feu de ſon génie diſſipera les projets ténébreux de l'envie : ſon eſprit, qui lui fera découvrir les intrigues de ſesRivaux, lui donnera les moyens de les écarter. Ses grands talens le ſoûtiendront, contre la haine des gens en place : il oppoſera la fer-

meté à leur credit. Com-
me il prendra toûjours les
mesures les plus justes, les
plus directes ; il n'aura pas
de fausses démarches à ré-
parer. S'il est chargé d'une
commission délicate ; il la
remplira, de façon que sa
conduite, en lui attirant de
nouveaux ennemis, n'en
méritera pas moins des
éloges.

Voila assurément de
grands avantages : mais le
génie a beau être élevé, la
méchanceté des hommes
sçaura toûjours l'attein-
dre.                    I iiij

Découvrir les manœuvres les plus sourdes ; dissiper les cabales les plus puissantes ; préparer les événemens ; profiter des circonstances ; arracher au hazard tout ce qui peut lui être enlevé : c'est l'effort du génie. S'opposer au mérite ; tendre des piéges ; former des brigues; commettre des injustices ; trahir la vérité ; employer les moyens les plus bas ; recourir à la fraude ; prendre quelquefois l'apparence de la vertu, pour masquer le vice : ce font les reſſources de la méchan-ceté des hommes. Elles déconcertent quelquefois les meſures les mieux pri-ſes ; elles tromperont fou-vent l'homme le plus éclai-ré : ainſi nous devons voir, fans étonnement , & ſa chûte , & ſon élévation.

Lorſque , malgré les obſtacles qu'il rencontre, il parvient à s'élever ; il donne alors une grande preuve de génie & de cou-rage : lorſqu'il ſuccombe, il prouve ſeulement, quelle eſt la force des opoſitions qu'il a eſſuyées.

Un homme ſans eſprit trouve au contraire autant de facilité pour s'élever , que l'homme ſupérieur a rencontré de difficultés. Ses rivaux , ou le dédaignent, ou le traverſent foiblement : ceux qui , par leur peu de naiſſance , & leur incapacité , ſont éloignés des charges & des emplois , ſe plaiſent à les voir occupés par des hommes ſans talent & ſans mérite. C'eſt un ſpectacle, qui

les amuſe. Ils ſe conſo-
lent d'être exclus des emplois, par le mépris de
ceux qui les poſſédent.
Enfin les gens en place ſoû-
tiennent , & appuyent un
homme, en qui ils ne dé-
couvrent aucun talent :
ſouvent ils font tomber
une place entre ſes mains,
uniquement pour qu'elle
ne ſoit point poſſédée par
un homme de génie : ils
ſçavent que l'autorité, qui
eſt partagée avec un hom-
me, qui eſt ſans mérite , de-
meure toute entiere à ce-
lui, qui montre une ſupé-

riorité marquée. Un homme dont l'esprit est borné, ne rencontre donc aucune opposition de la part de ses Rivaux ; ou il n'en rencontre que fort peu : il est soutenu par ceux qui ont l'autorité en main , & n'est communément pas traversé par ceux, qui, ne pouvant parvenir aux dignités , cherchent seulement à en éloigner les gens, qu'ils seroient forcés d'estimer. Voila de grands avantages , & peu d'oppositions à vaincre. Cependant de tels gens n'oc-

cupent pas toutes les charges, ne poſſedent pas toutes les places : c'eſt qu'ils
ont d'un autre côté, des
avantages infinis, n'ayant
nulle pénétration , nulle
capacité ; ils ſe trouvent
ſans reſſource, lorſque les
événemens ſont contr'eux;
ou hors d'état d'en profiter , lorſqu'ils leur ſont
favorables. Ils laiſſent é-
chaper les circonſtances
les plus heureuſes, pren-
nent les plus mauvais par-
tis , font les démarches
les plus fauſſes. S'ils ſont
chargés d'une commiſſion

brillante , mais facile ; ils s'en acquittent si mal , qu'ils perdent tout le fruit qu'ils devoient naturelle-ment en recueillir. Ils n'ont pas d'obstacle à sur-monter ; mais ils ne sça-vent pas se conduire. Ils n'ont pas d'ennemis à com-battre ; mais ils n'ont pas de droits à faire valoir. Enfin ils découvrent, dans toutes les occasions, leur incapacité & leur folie ; & quelque intérêt , quelque désir que les gens en place ayent de les élever , leur poids est si lourd , qu'il leur est impossible de pouvoir les soutenir long-tems.

Avec de si grands avantages, est-il étonnant que les gens bornés ne profitent point des facilités qu'ils rencontrent ? Cela n'est pas plus étonant, que de voir des gens de beaucoup d'esprit, ne pouvoir éviter tous les périls qu'ils ont à courir. Leurs avantages & leurs désavantages sont dans une proportion égale. Ainsi, tout compassé, il n'est pas plus dif-

ficile aux uns qu'aux au-
tres, de parvenir aux fuc-
cès: & l'on pourra aifé-
ment fe rendre raifon de
leur chûte & de leur élé-
vation , dès qu'on aura
bien calculé leurs avantages réciproques.

# CONSIDERATIONS
## PHILOSOPHIQUES.

## DISCOURS IV.
### DU MARIAGE.

*Miferi quibus intentata nites. Hor.*

JE ne me propose de con-
sidérer le mariage, que
rélativement aux person-
nes âgées; ainsi mon inten-
tion n'est pas d'en faire une
satire. Je veux seulement
montrer, combien son tin-
excusables ceux qui pren-
nent un tel engagement,

**II. Partie.**      K

fans en pouvoir efpérer aucun avantage ; je veux faire voir, que fi le mariage eft dangereux pour les jeunes gens , il eft la fource de mille chagrins pour les perfonnes âgées.

Je n'aurai pas , je crois, de peine à faire fentir les malheurs que des unions difproportionnées doivent néceffairement produire. On me reprochera peut-être l'inutilité, de m'étendre fur une vérité, dont tout le monde eft perfuadé : mais il fuffit qu'il y

ait des exemples, qui prou-
vent, que cette vérité, si généralement reconnuë,
n'ait cependant pas toû-
jours été suivie, pour que
je sois fondé à craindre,
qu'on ne puisse pas éviter
un écueil, où d'autres ont
échoué. Lorsqu'on veut se
souftraire à la régle gé-
nérale, & se refuser à des
vérités reconnues, on ne
manque pas de trouver
des raisons, pour s'autoriser. On condamne d'a-
bord l'opinion des autres;
& bien-tôt on justifie le
parti qu'on préfère. On se

prend soi-même pour Juge ; & devant un Juge si prévenu , les plus grandes folies paroissent tout au plus des choses hazardées: on cherche des exemples qui soient favorables à ce qu'on désire ; & sur un exemple , peut-être unique , on se croit autorisé à suivre le parti qui plait. L'expérience doit nous faire craindre, de tomber un jour dans des erreurs, que nous avons condamnées:& si cette crainte doit augmenter , selon que l'objet,qui la fait naitre , nous

intéreſſe plus fortement ;
nous ne pouvons donner
trop d'attention à celui,
que nous allons examiner.

Ciceron, en traitant ces
différens états de la ſociété, place le mariage au
premier rang, *prima ſocie-
tas in ipſo eſt conjugio* ;
c'eſt le Lien le plus fort
de la ſociété ; c'eſt, ſui-
vant Pithagore Σώματα δύο,
ψυχη μεν μια. Le mariage étant
une union intime de deux
perſonnes, doit être re-
gardée comme une aug-
mentation de bonheur

pour des perſonnes ver-
tueuſes, ou comme une
ſource continuelle de malheurs pour celles qui ne le
ſont point, puiſque les
hommes ne peuvent trou-
ver de bonheur réel que
dans la vertu.

Si deux perſonnes ver-
tueuſes s'allient, leur bonheur augmente ; ſi c'eſt
une union de deux per-
ſonnes vicieuſes, quel tron-
ble ne doit-il pas réſulter
d'un aſſemblage ſi monſ-
trueux ? Si une perſonne
vertueuſe s'unit à une qui
ne le ſoit pas ; cette allian-

ce du crime & de la vertu
ne doit produire, d'un côté,
que gênes & qu'embarras;
& de l'autre, que des re-
grets, & que des cha-
grins.

D'après ces considéra-
tions, que je crois vraies,
il est aisé de conclure,
que le nombre des gens
sans vertus surpassant de
beaucoup celui des gens
vertueux, il doit y avoir
un grand nombre d'asso-
ciations criminelles &
malheureuses.

Cette façon de confidé-
rer le mariage en général,
doit, je l'avoue, en éloigner tous les hommes ;
mais il y a cependant des
diftinctions & des excep-
tions à faire : & fi le mariage ne paroit pas pro-
mettre le répos de l'ame,
la tranquillité de l'efprit ;
il peut s'y rencontrer des
avantages d'une autre na-
ture, qui peut-être en font
une compenfation aux
yeux de bien des gens. Il
peut même y avoir des
conjonctures, qui le ren-
dent prefque néceffaire ,
ce

ce qu'on doit à l'Etat, à
son rang, à sa naissance,
à soi-même, à la société,
& à ses parens, mérite des
attentions, & peut servir
d'excuse, si l'on ne suit
pas les avis d'une raison
sévère ; mais un mariage
ne devroit pas être con-
tracté, sans ces considérations importantes. Nous
allons examiner, quels sont
les avantages, qui peuvent
faire passer par-dessus les
dangers du mariage : en-
suite nous examinerons,
qu'elles sont les qualités,
qui peuvent en adoucir

les rigueurs, ou les faire supporter plus patiemment : & nous verrons, si ces considérations, & ces qualités peuvent se rencontrer dans l'espece de mariage, dont nous nous proposons de parler.

Ces avantages sont ordinairement des vûës de fortune, d'honneurs, de credit, que les grandes alliances nous procurent souvent. Mais il est aisé de voir, sans beaucoup de reflexion, que ces objets ne peuvent se trouver dans

la nature des mariages ,
dont nous parlons. Une
jeune perſonne , qui paſſe
pardeſſus les déſagrémens
d'un mariage diſpropor-
tionné , n'apporte certainement pas des avantages,
qui la mettroient à por-
tée de choiſir : elle peut
tout au plus avoir de la
naiſſance , parce qu'au-
jourd'hui elle eſt comptée
pour peu de choſe ; mais
elle n'aura certainement
ni crédit, ni fortune. Si
elle réuniſſoit le bien &
la faveur , ſacrifieroit-elle
ſes charmes & ſa jeuneſſe

à l'ennui & au dégoût, qui semblent toûjours accompagner la vieilleſſe? Les conjonctures, s'il y en a, qui obligeroient un homme âgé, de ſe marier, ſont bien rares. Ce qu'il doit à l'Etat, ne peut être compté : s'il l'a bien ſervi, il doit jouir des récompenſes qu'il a meritées, & continuer à s'en rendre digne par ſes conſeils & par ſes lumiéres: ſon rang & ſa naiſſance ne peuvent être des conſidération dans un âge avancé, s'ils n'en ont pas été dans

fa jeuneſſe. Ce qu'il ſe doit
à lui-même, n'eſt aſſuré-
ment pas de prendre une
femme; & ce qu'il doit à
la ſociété, c'eſt de lui donner des exemples. Toutes
ces conſidérations, &
beaucoup d'autres, que
nous ne nous arrêterons
pas à rapporter, & qui
ſont même foibles pour
des perſonnes de tout âge,
ne ſont certainement d'aucun poids pour un hom-
me âgé. Il ne doit pas y
avoir de doute ſur ce
point : ainſi nous allons
rappeller les qualités, qui

femblent le plus néceſ-
faires, pour adoucir les rigueurs de cet état.

On trouvera, je crois , que la premiere qualité eſt, d'avoir une humeur ſociale ; qu'il faut avoir de l'indulgence, de l'hu-manité, de la tranquillité d'eſprit ; & qu'il ne faut pas être totallement dé-pourvû des graces du corps, qui ſervent à plaire; ce qui doit être le but de toute aſſociation. La pre-miere qualité eſt donc d'a-voir une humeur ſociale;

c'eſt-à-dire, qu'il faut être
diſpoſé de façon que les
goûts, les habitudes, les
occupations des perſonnes,
avec leſquelles nous vi-
vons, ſoient les mêmes
que les nôtres, ou du-
moins ne nous répu-
gnent point. Ce qui for-
me une ſociété, eſt un certain penchant, une certaine inclination, que plu-
ſieurs perſonnes ont pour
les mêmes choſes, & pour
les mêmes objets. Ce n'eſt
point le caractére & la vertu qui lient les hommes ;
ce ſont leurs goûts ; mais

l'âge change le goût & les inclinations des hommes, aussi-bien que les mœurs, *dispares enim mores disparia studia sequuntur.* La droiture & la vertu, devroient être les seuls fondemens de l'amitié, ce lien respectable. Cependant il est bien rare, qu'elle subsiste entre deux personnes, dont les goûts & le genre de vie sont absolument opposés. Il est si indispensable, pour vivre intimement avec quelqu'un, d'avoir les mêmes goûts que lui, d'aimer les mêmes objets , de fe plaire aux mêmes chofes , qu'il n'y a guères de Nation, qui ne permette le divorce , fondé fur l'incompatibilité des humeurs , & que plufieurs Legiflateurs ont défendu aux perfonnes avancées en âge, de fe marier. Un homme fexagénaire manque donc de la premiere qualité, qui eft d'avoir une humeur fociale. Comment pouvoir imaginer, qu'il partagera & qu'il approuvera les occupations d'une perfonne de vingt ans ; qu'il fe plaira aux choses qui l'amusent; qu'il adoptera ses goûts; ou au moins qu'il les tolérera? Cet effet est surnaturel, & ne peut se supposer. Mais si l'amour le rendoit possible, il jetteroit un ridicule sur la personne, qui, par un grand effort auroit une conduite, qui ne lui conviendroit point. Ainsi nous devons conclure, que, l'humeur sociale ne pouvant se trouver entre deux personnes d'un âge fort disproportionné, leur union sera nécessairement suivie des plus grands malheurs.

L'indulgence est une des qualités les plus néceſſaires dans la ſociété ; ſans quoi elle ne ſubſiſteroit pas long-tems. Il faut que les hommes ſe pardonnent réciproquement, & ſe paſſent quelques défauts. Comme l'égalité doit regner dans les ſociétés, les membres qui les compoſent, ſont obligés d'avoir de l'indulgence, parce qu'on les jugeroit de même qu'ils jugeroient les autres, & qu'on ne leur passeroit point ce qu'ils ne voudroient point passer. L'indulgence est donc fondée sur l'égalité, & sur le besoin, que les hommes ont les uns des autres ; mais cette égalité ne subsiste plus, dès qu'il y a une grande disproportion dans les âges. Un homme, qui n'est plus ému du feu des passions, se prête difficilement aux écarts de la jeunesse ; il n'est point disposé à les pardonner, parce qu'il n'a pas besoin qu'on les lui pardonne ; il condamne sévérement

des défauts, qu'il n'a fait
peut-être que changer
pour d'autres ; il eſt Juge
ſévère & injuſte ; ſévère ,
parce qu'il ne compâtit
point aux foibleſſes attachées aux premières an-
nées ; injuſte, parce qu'il
condamne des folies , que
peut-être il regrette. Dans
cette diſpoſition, il eſt bien
éloigné d'accorder la moindre indulgence à des foi-
bleſſes, qui paroiſſent en
devoir mériter : des ac-
tions innocentes lui ſem-
blent criminelles ; cette
tranquillité d'eſprit , qui

permet aux perſonnes qui en jouiſſent, de voir les objets tels qu'ils ſont, ne ſe trouve point dans un homme âgé. Il regrette le paſſé; il craint un avenir prochain; des incommodités troublent l'inſtant dont il jouit; & il voit avec chagrin, avec humeur, & avec ennui, des plaiſirs qu'il ne peut plus partager. La jalouſie doit néceſſairement tourmenter un homme, qui conſidère ſon âge, & les déſagrémens qui y ſont attachés. Il voit au tour de lui des personnes, qui, réunissant des qualités qu'il n'a point, n'ont pu cependant éviter le malheur, auquel il voudroit se souftraire ; il ne trouve rien en lui, pour se raffurer; rien , qui ne soit objet de dégoût ; rien, qui ne doive lui causer les inquiétudes les plus vives. Sa jaloufie ne seroit pas fondée , qu'il n'en seroit pas moins dévoré; sa femme seroit fidéle , qu'il ne le croiroit point ; mais comment le seroit-elle ? Elle fuit un objet fatiguant, & cherche à se diffiper de l'ennui, que lui caufent les momens qu'elle est obli- gée de paffer avec un é- poux odieux. Vainement il voudroit l'arrêter : des confeils & des avis peu- vent-ils mettre un frein aux fougues de la jeuneffe? Il fe rend encore plus haïf- fable , & continue d'avoir devant fes yeux des objets qui le bleffent, & de nour- rir dans fon efprit des idées qui font fon fupplice. Eft- il un état plus pitoyable, plus affreux, & plus trifte? Si Boileau a fait une pein- ture effrayante de la fitua-

tion

tion d'un homme marié; quel tableau n'auroit - il pas offert, s'il avoit eu à peindre un homme âgé, & les nouveaux défagré- mens que la vieilleffe lui auroit attirés ? Il auroit re- préfenté fans doute, fous de triftes couleurs, le mé- pris & le ridicule, que de jeunes gens inconfidérés, attirés par une femme im- prudente, auroient jettés fur un époux âgé & mal- traité. Mais je ne veux point emprunter les images de la Poëfie; je n'en ai pas be- foin, pour prouver, que le

II. Partie. M

mariage, dans un homme avancé en âge, eſt pour lui la ſource de beaucoup de chagrins, & la plus grande folie qu'il puiſſe faire.

Il y a de l'inhumanité, à vouloir faire partager à une jeune perſonne les ennuis d'une vieilleſſe fâcheuſe : il y a de la folie, à s'imaginer qu'elle les voudra partager. C'eſt un procédé barbare, qu'on devroit ſe reprocher, quand même il contribueroit à notre bonheur : mais nous

avons montré, qu'il y est
totalement contraire. Quel
écart pour un homme, qui
voit la mort de près, de
prendre des liens, qui l'at-
tachent à la vie! Quelle
plus grande imprudence,
que de former des enga-
gemens importans, dans
un tems, où l'on doit se
détacher de tout! C'est se
préparer de nouveaux re-
grets, pour ses derniers
momens; c'est augmenter
encore la peine, qu'on a
de quitter la vie.

# CONSIDERATIONS
## *PHILOSOPHIQUES.*

## DISCOURS V.

### DE LA MORT.

*Qui labores morte finisset graves;*
*Hunc omnes amicos laude & letitiâ exequi.*
*Cic. Tuscul.*

LA MORT, dit Arcé-silas, est, de tous les maux, le seul, dont la présence n'a jamais incommodé personne, & qui ne chagrine qu'en son absence. C'est donc contre la crainte de la mort, qu'il faut armer notre raison, plutôt que contre la mort même. Cette crainte trouble les hommes au point, qu'il y en a eu d'aſſez foibles , pour n'en pouvoir pas entendre prononcer le nom. Cherchons du ſecours contre une telle frayeur ; oſons regarder la mort de ſang-froid ; tâchons de la voir ce qu'elle eſt : & peut-être nous paroîtra-t-elle moins odïeuſe & moins cruelle. Si nous ne pouvons la voir ſans effroi , nous ſerons hors d'état de goûter aucun repos & aucun plaiſir.   Au contraire le mépris de la vie nous mettra au-deſſus de toutes les traverſes, dont elle eſt remplie. Celui qui eſt inſenſible à la mort, n'étant que foiblement affecté des maux de la vie, il ſoûtiendra & aſſurera auſſi notre vertu ; car un homme, qui ne chérit pas aſſez la vie, pour ſe la conſerver par une mauvaiſe action, n'en commettra certainement pas, pour quoi que ce ſoit dans le monde.

J'avouë que l'amour de

la vie, & la crainte de la mort, sont si naturels en nous, qu'il semble difficile de renoncer à l'une, & d'accueillir l'autre. Chaque Etre tend naturellement à sa conservation ; & la crainte de la mort est une conséquence nécessaire de cet amour propre, qui est enraciné en nous: cependant la réflexion peut, je crois, vaincre aisément notre répugnance, & adoucir nos regrets, en nous démontrant la futilité & le peu de valeur des choses, que nous per-

dons. Eh, quoi ! la Philo-
sophie ne pourra-t-elle pas
faire ce que l'ambition,
l'amour de la gloire, la
coûtume, ont si souvent
produit? On voit journel-
lement des soldats courir
à une mort certaine par
un simple désir de gloire
& d'honneur ; des Na-
tions entieres se devouent
à la mort, parce que c'est
la coûtume du pays.

On craint la mort, ou
parce qu'elle nous enléve
les biens de cette vie, ou
parce que ce moment de

la

la subir est affreux ; ou enfin, parce qu'on en redou-
te les suites. Elle ne peut
être considérée que sous
ces trois points de vue.
Si l'on parvient à les détruire, il faudra nécessairement convenir, que la
crainte de la mort n'est
pas fondée ; qu'elle n'est
qu'un vain phantôme, qui
n'effraye que de loin ; sem-
blable à ces feux noctur-
nes, qui allarment le voyageur timide & ignorant,
& qui s'évanouissent aux
yeux des personnes har-
dies & éclairées.

## II. Partie.

N

Examinons le premier motif de crainte.

La mort eſt fâcheuſe, parce qu'elle nous prive des biens de la vie : & moi, je dis qu'elle eſt heureuſe, parce qu'elle nous délivre des maux, dont la vie eſt accompagnée. Priam, dit Callimaque, a plus ſouvent pleuré que Troïlus. La mort aſſurément peut être conſidérée, ou comme la privation des maux, ou comme la privation des biens. Pour

sçavoir laquelle de ces
deux opinions est la mieux
fondée, il ne faut qu'examiner, si les biens excèdent
les maux, ou au contraire,
si les maux surpassent les
biens. Cette question est-
elle difficile à résoudre; &
trouverai-je beaucoup de
gens, qui oseront prendre
l'affirmative, en faveur des
avantages de la vie ? Sera-
ce ces personnes, qui sont
ennivrées des plaisirs du
monde ? Mais leur bon-
heur est faux ; il dépend
de mille circonstances; il
ne peut se trouver dans

des objets, qui font prêts à
leur échapper à tout in-
ftant. La perte d'un feul de
ces biens laiſſe un vuide affreux dans le cœur , & ré-
pand l'amertume ſur tous
les autres biens ; & enfin
le malheur naît toûjours
des paſſions qui nous en-
traînent hors de nous.
Mais que ces hommes, qui
s'y abandonnent , revien-
nent un peu ſur leurs pas,
& examinent le cours de
leur vie.

Diviſons la en trois par-
ties ; comptons les mo-

mèns, où notre exiftence
ne nous a paru qu'égale
à un fommeil tranquille ;
comptons enfuite ces in-
ftans finguliers, à qui nous
donnons le nom de plai-
fir, de joye, de bonheur;
& enfin, comptons ces
momens d'amertume, de
trifteffe, de douleur ex-
trême : &, pour rendre notre divifion plus parfaite,
ajoûtons-y le dégré de vi-
vacité & de fenfibilité, qui
naît des impreffions de
joye, ou des impreffions
de trifteffe : nous recon-
noîtrons alors, fans con-

tredit, que la plus grande partie de nos jours ne vaut pas mieux que le sommeil; & nous avouerons que, dans les autres parties, les momens de tristesse & de douleur, ont été plus fréquens, & nous ont affectés plus vivement que ceux des plaisirs & de la joye. Car enfin la peine vient de mille sources; elle naît du plaisir même; sa durée, qui augmente la douleur, fait cesser le plaisir, au point qu'il deviendroit une peine insupportable, s'il continuoit.

On n'eſt pas le maître de chaſſer la peine; & le plaiſir ne dépend pas de nous: Selon de grands Philoſophes, le bonheur n'eſt autre choſe que la privation des peines. Effectivement les maux ont quelque choſe de plus vrai que les plaiſirs; la moindre ſouffrance diſſipe la joye la plus grande ; les plaiſirs les plus vifs ne peuvent diſtraire d'une douleur médiocre. D'après cette triſte conſidération, mais qui eſt juſte, on conviendra, je crois, que la mort nous fouftrait à plus de maux, qu'elle ne nous en-lève de plaifirs ; & qu'ainfi, tout calculé, elle eft plûtot un bien qu'un mal, & la récompenfe du fage, qui a fupporté patiemment les miféres d'une vie longue & penible.

L'autre raifon, qui engage les hommes à craindre la mort, eft encore moins fondée que la première. Ces cruelles angoiffes, ce trouble qu'on fuppofe que l'homme reffent, lors de la féparation de l'ame & du corps, n'exiſtent point : pourquoi l'ame éprouveroit-elle une peine infinie, lorſqu'elle quitte le corps, & qu'elle n'auroit reſſenti aucun plaiſir en s'y joignant ? C'eſt donc une chimère que ce trouble métaphiſique. Quant aux ſouffrances, qui ſont naturelles à l'état où nous nous trouvons, elles ne ſont point ſi grandes, qu'on ſe l'imagine. Les hommes conſervent rarement leur force & leur raiſon, juſqu'aux derniers momens ; & ceux qui les ont conſervées, ont auſſi, dans le fond de leur ame, conſervé l'eſperance qui ne nous quitte jamais. La plûpart des hommes meurent donc, ſans éprouver ces terribles agonies, qui effrayent tant les ſpectateurs : c'eſt une vérité conſtatée par l'expérience. La machine eſt ſi affoiblie, que le paſſage de la vie à la mort leur eſt preſque inſenſible, & eſt moins affreux, que les inſtans qui l'ont précédée. Les hommes ne voyent mourir que des perſonnes qui leur ſont chères ; ils les voyent en-

tourées de gens dans le dé-
fefpoir ; un appareil fune-
fte & effrayant frappe
leurs yeux: ainfi il n'eft
pas étonnant, qu'ils fe laif-
fent troubler par un fpe-
ctacle fi trifte, & qu'ils
s'imaginent que ce mo-
ment, cruel pour eux, l'eft
mille fois plus pour ce-
lui qui en eft la victime.
Mais fi ces hommes a-
voientvû mourir des gens,
à qui ils n'étoient nulle-
ment attachés, fans cet
entour effrayant, ils au-
roient vû des malades af-
foiblis, ceffer de vivre, &

n'éprouver *

*Ni ce défordre affreux, où tombent
leurs accords ,*
*Quand l'ame fe déprend des attaches
du corps ;*
*Ni ces derniers fanglots , dont , avec
tant de bruit ,*
*La Nature épouvante un homme que
s'enfuit.*

Un homme accablé par la maladie & par le mal-aife , craint , peut - être , moins la mort dans cette fituation , que lorfqu'il eft en parfaite fanté , parce que la mort n'eft pas fi

* Cirano de Bergerac , dans
Agrippine.

directement opposée à l'état où il se trouve.

Il y a peut-être plus loin, dit un Philosophe moderne, de la caducité à la jeunesse, que de la décrépitude à la mort. Cependant les hommes, dans leur jeunesse, ne font point tourmentés par l'idée, qu'ils perdront un jour les avantages & les plaisirs attachés aux belles années ; & ils craignent un autre changement, par lequel ils feront délivrés du poids incommo-

de d'une vie pénible & dé-
sagréable. Ils redoutent la
mort , & défirent la vieil-
lesse ; ils marchent hardi-
ment & gayement à un
but , qu'ils ne peuvent en-
visager sans frémir ; ils ne
sont effrayés que du der-
nier pas qu'il faut faire ;
ceux qui le précédent sont
comptés pour rien : & ce-
pendant la mort * , ce
changement d'état si mar-
qué, si redouté , n'est dans
la nature, que la derniе-
re nuance d'un état pré-

* Voyez l'Hist. Nat. de M. de
Buffon , tome 2. page 578.

cédent. N'attachons donc pas à l'inſtant de la mort d'autres peines, que celles qui ſont naturelles à l'état de ſouffrance, où nous nous trouvons ; & rejettons ces terreurs , qu'on prétend que l'ame éprouve, au moment de ſa ſéparation avec le corps. Soyons même aſſurés, par le témoignage des Médecins , à qui l'habitude donne une parfaite connoiſſance de nos dernieres actions, que la plûpart des hommes meurent aſſés tranquillement. Mais quand cet effroi exiſteroit tel qu'on se l'imagine, quand même l'instant de la mort auroit quelque chose de terrible, on ne doit pas le redouter, par cela même qu'il n'est qu'un instant.

Il n'y a pas plus de raison, d'être troublé par la crainte des souffrances attachées à la mort, que par celles des malades, dont cependant les hommes soutiennent l'idée, sans se laisser accabler, comme ils font par l'idée de la mort. Le meilleur secours qu'ils qu'ils trouvent , c'eſt de l'éloigner , autant qu'ils peuvent , de leur eſprit , au lieu de chercher des raiſons , pour ne la point appréhender.

Nous avons déja montré que la mort n'étoit pas à craindre , par les choſes dont elle nous privoit ; qu'elle ne l'étoit pas non plus , par les horreurs dont elle étoit accompagnée ; il ne nous reſte qu'à nous tranquilliſer ſur ſes ſuites.

La mort n'eſt rien , dit

*II. Partie.*        O

Cicéron. Rien pour les morts ; car ils n'exiſtent plus : rien pour les vivans; car ils ne ſont pas encore dans le cas de l'éprouver. Elle n'eſt pas à craindre non plus , ajoûte-t-il : ſi l'ame eſt mortelle , tout eſt fini ; ſi elle eſt immortelle , elle ſera heureuſe ; car un Philoſophe, tel que Cicéron , ne pouvoit ajouter foi au Ténare, aux Enfers : auſſi dit-il , qu'il n'y a que des femmes imbécilles, qui puiſſent en être effrayées. Effectivement, toutes les lumiéres de la

raiſon s'oppoſent à l'idée
des peines éternelles * :
elles nous répugnent plus
par ſes inconſéquences ,
qu'elles ne nous effrayent

* ( *Note de l'Editeur* ) Il faut ſe
rappeller que cette Diſſertation
étoit dans la bouche de Noraſi :
ainſi il ne faut pas s'étonner, ſi l'on
s'écarte des vérités reconnues. Voila
les erreurs, que nous adopterons
inévitablemenr , lorſque nous vou-
drons conſulter la raiſon ſur des
objets qui ſont au-deſſus d'elle.
Nous tomberons alors dans l'héré-
ſie des Sociniens , qui , donnant
trop aux lumieres naturelles , ne
croyent plus aucun des miſtéres de
notre réligion , & qui par conſé-
quent la détruiſent entiérement.
N'oublions jamais que ce qui eſt
folie en Dieu , eſt plus ſage que
toute la ſageſſe des hommes , *quod*

par ſes ménaces ; elles ſont oppoſées à ce ſentiment intérieur que nous avons de la bonté & de la puiſſance de Dieu.

*ſtultum eſt Deo ſapientius eſt hominibus.* A Dieu ne plaiſe que je veuille détruire l'idée que nous avons de la Miſéricorde Divine ; je ſçai qu'elle eſt infinie : je n'ignore pas même que ce ſont les pécheurs, qui ont le plus de droit d'y prétendre. En effet, *à qui eſt-ce que la Miſéricorde pardonnera , ſera-ce à des innocens ? Ne ſera-ce point aux coupables ?* «J'ai reſſenti, diſoit l'Apô-»tre Saint Paul, les effets d'une mi-»ſéricorde que je ne méritois pas. Mais je n'ignore pas non plus, que la Juſtice eſt un attribut auſſi eſſentiel à la Divinité, que la miſéricorde : l'une & l'autre ſuivent des règles invariables , ſans jamais ſe

Puissance de Dieu, bonté de Dieu, sont des attributs, qui semblent exclure la Justice rigoureu-

croiser, & sans s'exclure réciproquement. Que la raison se taise où la foi parle. Eh, pourquoi ne se tairoit-elle pas ? Sa derniere démarche, c'est de connoître qu'il y a une infinité de choses qui la surpassent ; elle est bien foible, si elle ne va jusques-là. ( *Pascal* ) De trèsgrands Esprits ont voulu prouver la vérité de notre Réligion par l'opposition constante, où elle est avec la raison, & par les choses incroyables qu'elle oblige de croire. » Le » Fils de Dieu est mort, dit Tertul- » lien ; cela est croyable, parce que » cela est ridicule : ayant été ense- » veli, il est ressuscité ; cela est cer- » tain, parce que cela est impossi- » ble. «

se. Mais si à la place du mot de justice, on substituoit celui d'équité ; & assurément l'équité est l'essence de la Justice ; alors on ne trouveroit rien d'incompatible entre la bonté

Cet aveu de l'insuffisance de la Raison doit nous conduire à nous soumettre sans répugnance aux vérités révélées. De même, *dit un Poëte Anglois*, que les lumières trompeuses de l'astre de la nuit, sont dissipées par l'éclat du Soleil; de même les foibles lumières de la raison, sont obscurcies par le flambeau de la Réligion. Au reste, si la raison ne nous démontre pas la vérité de la Réligion ; elle ne nous en démontre pas non plus la fausseté. Il me semble même qu'elle nous en fait sentir la nécessité, & c'est beaucoup.

infinie de Dieu & son é-
quité infinie. L'équité peut
consister à dispenser le
bien à chacun, selon qu'il
l'a mérité dans des pro-
portions infiniment justes ;
elle peut aussi consister à
rendre juste ce qui est in-
juste ; droit, ce qui est obli-
que ; enfin à tout sancti-
fier.

L'idée de la Justice ri-
goureuse de Dieu, ne pa-
roit pas aussi essentielle,
que l'idée de son équité.
Car si les hommes ne s'é-
toient jamais écartés des

sentiers du bien , la Justice rigoureuse n'auroit pas
eu lieu, quoique l'équité
eût souverainement agi.

Mais , objecte-t-on , si
les peines de l'autre vie
ne sont que des chimè-
res , il n'y a donc plus ,
aux yeux de Dieu , ni
bien ni mal , & les mé-
chans seront donc confon-
d avec les bons , & ré-
compensés comme eux ?
Quand cela seroit, quelle
injustice y pourroit - on
trouver ? L'heroïsme con-
siste

siste à pardonner les offen-
ses, & à faire grace aux coupables ; & plus leurs atten-
tats sont grands , plus on
admire celui qui les par-
donne : mais les méchans
ne sont-ils pas punis dans
ce monde ? & si le vice
prospére quelquefois , le
vicieux n'est-il pas intérieurement malheureux ?
Il ne nous appartient pas
de chercher à connoître la
Justice de Dieu , ou d'oser
pénétrer par quels moyens
elle agit : mais si nous é-
tions aslez téméraires, pour
vouloir l'entreprendre ;
*II. Partie.*        P

nous pourrions dire que, quoique tous les hommes foient deftinés à être heureux, ils le font cependant plus ou moins, felon qu'ils l'ont plus ou moins mérité : *multæ funt manfiones in domo patris mei.*

La Juftice de Dieu confiftera donc dans cette diftribution fouverainement équitable des biens qu'elle difpenfera. Ainfi fa bonté infinie s'accordera avec fa Juftice infinie. Là, où le péché a abondé, la grace

abondera par-deſſus. Mais,
ſi c'eſt limiter la bonté de
Dieu, qui peut-être ne
donne pas le moins, lorſ-
qu'elle peut donner le plus;
quel crime ne commet-
tent pas ceux qui s'imaginent, que la Divinité peut
punir éternellement? C'eſt
vouloir effacer l'idée, que
nous avons de la bonté de
Dieu. Nous pouvons l'é-
tendre à l'infini : ſa Juſtice
nous révolte, lorſqu'on la
porte à la rigueur. L'ou-
vrage d'un Dieu infini-
ment bon, ne peut être
qu'infiniment heureux,

P ij

dans les proportions qu'il y a entre le fini & l'infini. Celui en qui le bien réfide fouverainement, ne peut laiffer fubfifter le mal dans toute l'Eternité, ni fouffrir que des créatures le haïffent éternellement. Ce font des notions claires, fimples, évidentes & gravées dans le fond de nos cœurs.

Pourquoi donc craindrions-nous la mort, puifqu'elle nous fait perdre moins de biens, qu'elle ne nous évite de maux;

puiſqu'elle n'eſt pas cruelle
à ſoutenir, & puiſqu'elle
nous conduit à un état,
qui ne peut être mal-
heureux?

# CONSIDERATIONS
## *PHILOSOPHIQUES.*

## DISCOURS. VI.

### DU SUICIDE.

*Ah ! miſer ! Extremum cui munus mortis*
  *iniquæ*
*Eripitur , non poſſe mori.*   Luc. Liv. 6.

MON projet n'eſt pas d'examiner, ſi chaque homme eſt le maî-tre de ſa vie , ou s'il ne l'eſt point. Tous les rai-ſonnemens , qu'on a pû faire , pour prouver qu'on

n'en peut pas diſpoſer ,
n'ont jamais arrêté perſonne. Un homme, qui , ac-
cablé de ſouffrances , ou
fatigué de la vie, s'eſt déterminé à la quitter , ne
changera point de réſolu-
tion par la crainte de pé-
cher contre l'ordre. Ce
qu'il y a de certain , c'eſt
que les Stoïciens, dont la
morale étoit la plus ſévère , regardoient cette action comme très-indiffé-
rente pour les mœurs. Je
veux ſeulement ſçavoir, ſi,
dans cette action, il y a du
courage ou de la foibleſſe:

& assurément, je ne crois pas qu'il y ait plus de mal, à examiner cette question, qu'il y en auroit à examiner, si un homme, qui assassine, commet une action hardie ou timide. On ne croiroit pas qu'on veut justifier & autoriser l'assassinat. On ne me soupçonera pas non plus, je pense, d'être le fauteur du Suicide. C'est un crime contre la société ; c'en est un plus grand encore devant Dieu : mais ce n'en est peut-être pas moins un crime hardi ; & voila uni-

quement ce que je me pro-
pose de sçavoir.

Les Philosophes, de leur
Cabinet ; les Prédicateurs,
de leurs Chaires ; les Poëtes, dans leurs Ouvrages;
tous vous crient, « la vie est
» un songe ; c'est un tems
» rempli par de vifs cha-
» grins & par de légers plai-
» sirs. » Tout ce qui pense
nous peint l'existence, sous
ces couleurs malheureuse-
ment trop vrayes : & on
part de là, pour accuser de
foiblesse un homme, qui,
après avoir mûrement ré-

fléchi, se délivre d'un état fâcheux. Une chose qui me paroît encore bien extraordinaire , c'est l'idée que nous avons de la fermeté & de la vertu des Grands Hommes de l'Antiquité , qui ont mis euxmêmes un terme à leurs jours. Nous ne pouvons nous refuser à l'admiration , lorsque nous examinons leurs caractères & leurs sentimens ; j'ose même avancer, que leur mort volontaire donne le dernier éclat aux actions de leur vie. Porcie & la femme de Pætus, ne se sont renduës immortelles, que par ce dernier acte de fermeté. Brutus & Caton, les deux ames les plus fortes de l'Antiquité, lorsqu'ils ont vû que leurs jours ne pouvoient plus être utiles & glorieux, ont préféré le plaisir de mourir sur les cendres de leur patrie, au chagrin d'en pleurer la perte.

Il y a des gens qui croyent, qu'il faut avoir joué un grand rolle & être tombé d'un rang fort élevé, pour être dans un état assez fâcheux, pour se donner la mort. Cette idée est bien fausse. Chaque homme dans sa sphère, peut tomber d'aussi haut que Pompée. Ceux qui, jouissant d'un bien honnête, sont tout à coup réduits à l'extrême misère : ceux qui, par foiblesse, ont commis de mauvaises actions, & sont, ainsi qu'ils l'ont mérité, l'objet du mépris des hommes : ceux enfin qui, las des perpetuelles contrariétés de la vie, sentent pour elle un dégoût invincible, ne sont-ils pas aussi malheureux, que Brutus l'étoit dans le champ de Philippes.

Celui qui met son bonheur & sa confiance dans un seul objet, n'est-il pas plus à plaindre, lorsqu'il est réduit à en pleurer la perte, que jamais ne l'ont été ceux qui n'ont point voulu survivre à leur patrie. Le sentiment d'un citoyen peut-il être aussi tendre que celui d'un Amant ? Est-il plus naturel de croire, que Porcie s'est immolée pour

la perte d'un grand hom-
me, que pour celle d'un
homme qu'elle aimoit?

Je veux que le tems a-
mène des confolations,
& affoibliffe la douleur que
caufe un événement fâ-
cheux: mais ce même tems,
qui efface une première
douleur, nous conduit à
de nouve'les peines. Quel
état, de ne vivre que dans
l'attente de la confolation!

Il eſt auffi déraisonna-
ble de blâmer un homme
malheureux, qui met un

terme à ſes jours, qu'un voyageur qui veut abrèger une route pénible: & il n'y a pas plus de foibleſſe, à ſe délivrer d'une vie fâcheuſe, qu'à ſouffrir une opération douloureuſe & courte, pour détruire un mal incommode & long. L'un aime mieux n'être point, que d'être malheureux ; l'autre préfére de ſouffrir une douleur vive d'une minute, à une douleur ſupportable, mais longue : cependant on accuſe l'un de foibleſſe, & on louë la fermeté de l'autre, quoique leur but soit le même. S'il y a une sorte de courage, à se déterminer à souffrir une opération bien douloureuse ; il y a de même une certaine force de l'ame, à se rassurer contre certaines horreurs, dont la Nature frémit.

FIN.